SOLFÉGE NATIONAL

OU RECUEIL GRADUÉ

DE DEUX MILLE AIRS

EXTRAITS

DES AUTEURS ANCIENS ET MODERNES.

PAR

P. GUERRE.

Lecture Musicale pratique.

PREMIÈRE PARTIE.

A PARIS,

AU BUREAU DU *SOLFÉGE NATIONAL*,

RUE DE TRÉVISE, 43.

MUSIQUE TYPOGRAPHIQUE

DE TANTENSTEIN ET CORDEL,

92, rue de la Harpe.

PARIS. — IMP. SIMON RAÇON ET COMP., 1, RUE D'ERFURTH.

AVERTISSEMENT.

La classification des airs de ce Recueil est faite d'après le système particulier d'enseignement développé dans la partie élémentaire du *Solfége national*.

Toutefois, ces airs, ainsi classés, sont un véritable *Manuel de Lecture musicale*, au moyen duquel toutes les personnes qui étudient ou ont étudié la musique d'après une méthode quelconque peuvent faire l'application de leurs connaissances acquises. C'est pourquoi l'auteur les a séparés de la partie élémentaire du *Solfége*, et en a fait un ouvrage dont le but est surtout d'instruire en amusant.

La monotonie des leçons de solfége est proverbiale; les jeunes gens doivent trouver, nous le croyons, une utile distraction dans la lecture des airs de cette collection graduée qui leur offre, sous une forme nouvelle et attrayante, les moyens de se rendre familières les difficultés de la musique.

Dans cette nombreuse collection, on retrouve avec plaisir, mêlés aux productions modernes, ces vieux airs dont le cachet original a été conservé par la tradition populaire. Ils sont en partie placés au commencement de l'ouvrage, parce qu'ils contiennent peu de difficultés. Cette place semble aussi leur appartenir par droit d'ancienneté. A leur suite viennent, comme pour marquer les progrès de l'art musical en France, les mélodies dues au génie des Gluck, Mozart, Méhul, Grétry, Gaveaux, Della Maria, Doche, etc.

Après avoir été un objet d'étude, ces airs peuvent ensuite recevoir de fréquentes applications, la plupart ayant été employés par nos poètes les plus estimés. En effet, ce Recueil contient tous les airs primitivement adoptés par les Pannard, Favart, Désaugiers, Béranger, etc., comme les mieux appropriés au caractère de leurs poésies.

On ne confondra pas ce Recueil avec celui de la *Clé du Caveau*. Ce dernier ouvrage est une simple collection d'airs placés à la suite les uns des autres sans aucune méthode; l'auteur n'ayant pas eu pour but de créer un ouvrage utile à l'enseignement. Dans le *Solfége national*, au contraire, non-seulement les airs sont classés par ordre de difficulté et d'étendue dans chaque Ton et dans chaque mode, mais encore leur notation est présentée sous la forme la plus simple et la plus claire de l'écriture musicale afin que les personnes qui les étudieront puissent acquérir les notions les plus précises sur la division du temps et de la mesure, ce qui est le meilleur moyen de développer en elles un sentiment véritable du rhythme.

Beaucoup de personnes auraient désiré les paroles sous la musique des airs. Plusieurs motifs s'y opposaient. D'abord ce livre étant surtout destiné à la jeunesse, il y aurait eu peut-être plus d'inconvénient à la présence des paroles qu'à leur absence. Ensuite, cette addition aurait rendu l'ouvrage plus volumineux et par conséquent plus coûteux, sans aucun avantage bien évident.

Les paroles des airs se trouvent dans un grand nombre de recueils, et pourraient être l'objet d'une publication spéciale. Il est facile d'appliquer un air aux paroles en se conformant ici à cette règle que toutes les notes qui ne sont pas liées entre elles, au moyen de la courbe ⁀, représentent une syllabe; s'il arrive parfois que cette correspondance ne soit pas parfaite, cela vient de ce que les divers couplets d'une chanson ou d'une romance n'ont pas toujours une forme identique à celle du premier sur lequel on a fait la musique. Dans ce cas, on peut quelquefois ajouter ou supprimer une note ou en changer la durée, etc.; les points de repos de l'air sont d'un utile secours pour guider dans ces rectifications.

Cette Collection est divisée en trois parties qui forment autant d'ouvrages distincts:

La première contient des airs gradués dans tous les Tons majeurs et mineurs avec les modulations les plus usitées.

La deuxième contient plusieurs autres séries d'airs dans tous les Tons avec des modulations plus avancées.

Enfin, la troisième offre une collection complémentaire des deux premières, c'est-à-dire des airs dans tous les genres.

Chacune de ces trois collections est suivie d'une liste des airs par ordre numérique, avec le nom des auteurs et des ouvrages d'où ils sont extraits.

La troisième partie est, en outre, suivie d'une table alphabétique des titres ou timbres des 2000 airs de l'ouvrage.

Nous terminerons cet exposé en faisant observer que dans les petits airs *transposés* que nous donnons écrits dans le Ton d'*ut*, un grand nombre, bien que ne dépassant pas les limites d'autres airs *non transposés*, ne pourraient être chantés sans fatigue d'après le son exigé par le diapason. Comme il s'agit ici de *Lecture musicale* sans accompagnement, nous engageons le lecteur à abaisser, ou, selon le cas, à élever la tonalité de manière à solfier dans le médium de la voix autant que possible, afin de ne pas se fatiguer sans utilité. Cela est d'autant plus facile que nous avons eu soin d'indiquer l'étendue de chaque air avant la clé. Chacun peut donc de suite calculer, selon la nature de sa voix, le son qu'il doit prendre pour point de départ. Cette observation s'applique, on le conçoit, à tous les airs.

Enfin, le soin que nous avons pris de classer dans chaque série les airs suivant leur étendue, permettra de reconnaître de suite ceux qui, dépassant les limites de la voix, doivent être laissés de côté. Ceci suffira pour faire comprendre qu'il n'est pas nécessaire d'avoir épuisé les airs d'une série avant de passer à la suivante. C'est au professeur ou au lecteur d'apprécier le degré d'assurance acquis dans l'expression des difficultés d'une série, afin de n'en pas attaquer de nouvelles sans être maître des précédentes.

La bienveillance avec laquelle le public accueille depuis long-temps les ouvrages qui tendent à populariser la musique, nous fait espérer qu'il n'accueillera pas moins favorablement ce Recueil dans lequel nous avons mis tous nos soins à réunir l'agréable à l'utile.

LECTURE MUSICALE PRATIQUE.

PREMIÈRE PARTIE.

Les numéros de séries des 300 premiers airs de ce Recueil correspondent à ceux des chapitres des deux premiers livres de la partie élémentaire. — Ces airs étant destinés à l'exercice de la lecture à livre ouvert, avant d'en commencer l'étude, on devra s'être rendu maître d'une grande partie des deux premiers chapitres de l'*Intonation* et du *Rhythme*.

Beaucoup de ces airs sont écrits à deux temps; mais on peut commencer à les déchiffrer comme s'ils étaient à quatre temps, les signes de ces deux mesures étant les mêmes; plus tard on pourra les lire de nouveau à deux temps.

Dans cette première lecture, on ne se préoccupera pas non plus des notes d'agrément ni de l'indication métronomique; celle-ci, au surplus, nous l'avons dit, n'est qu'approximative.

Pour donner le plus grand nombre possible d'airs en *ut* majeur, nous avons dû en transposer beaucoup, primitivement écrits dans un autre Ton. Nous avons eu soin d'indiquer le Ton primitif des airs transposés au-dessous de leur numéro d'ordre.

Enfin la lettre placée au-dessous de ces indications renvoie à la série de la liste alphabétique des timbres des airs du *Solfége*.

Ce signe, placé au commencement de chaque air, en donne les limites au grave et à l'aigu, afin que, dans la lecture individuelle, chaque voix puisse chanter dans son diapason sans s'inquiéter du son absolu (n° 93).

UT, MODE MAJEUR.

1ʳᵉ ET 2ᵉ SÉRIES.

SYSTÈME BINAIRE. — INTONATIONS D'UNE OU PLUSIEURS UNITÉS DE DURÉE.

Faire une lecture rhythmique de chaque air; chanter ensuite l'Intonation sans se préoccuper de la durée, et enfin solfier en battant la mesure.

4.
la.
V
♩ = 320.
5.
sol.
B
♩ = 300.
6.
sol.
D
♩ = 80.
7.
V
♩ = 130.
tr
tr
8.
fa.
T
♩ = 130.
9.
ré.
L
♩ = 320.
10.
M
♩ = 300.
11.
C
♩ = 80.

12.
sol.
N
♩ = 100.
13.
C
♩ = 100.
14.
la.
J
♩ = 300.
15.
sol.
L
♩ = 40.
16.
sol.
D
♩ = 300.
17.
L
♩ = 200.
18.
U
♩ = 100.
tr
tr
19.
mi♭.
V
♩ = 200.

3ᵉ SÉRIE.

RHYTHME BINAIRE A UN TRAIT.

Dans cette série, ainsi que dans toutes les autres, chacune des notes qui ne sont pas réunies par la courbe de liaison ‿ représente une syllabe; et toutes les notes placées sous cette courbe correspondent à une seule syllabe.

25.
sol.
V
♩=100.
26.
sol.
V
♩=50.
FIN.
27.
L
♩=100.
FIN.
28.
R
♩=100.
29.
R
♩=80.
30.
sol.
E
♩=50.
tr
31.
ré.
D
♩=120.
FIN.

52.
sul.
J
♩=120.

53.
sol.
Q
♩=120.
Fin.

54.
la.
P
♩=120.

55.
sol.
V
♩=100.

56.
G
♩=120.

57.
P
♩=120.
Fin.

58.
S
♩=120.

4ᵉ SÉRIE.

RHYTHME BINAIRE A UN TRAIT. — POINT DE PROLONGATION.

45.
sol.
E
♩ = 100.
46.
A
♩ = 60.
47.
A
♩ = 120.
tr
48.
D
♩ = 80.
49.
sol.
V
♩ = 30.
Fin.
50.
la.
T
♩ = 120.
51.
si b.
M
♩ = 120.

82.
D
= 70.
FIN.
83.
O
= 80.
FIN.
84.
sol.
S
= 40.
85.
N
= 100.
86.
si b.
S
= 50.
87.
la.
U
= 40.
88.
sol.
T
= 80.
89.
Q
= 100.
tr

5ᵉ SÉRIE.

RHYTHME TERNAIRE A UN TRAIT.

73. sol. C ♪·=80.
FIN.
74. la. Q ♪·=80.
FIN.
75. la. J ♪·=70.
76. E ♪·=80.
77. R ♪·=80.
78. fa. P ♪·=80.
79. sol. M ♪·=80.
FIN.
80. la. A ♪·=40.